André Gollnisch

QUELQUES DOCUMENTS

SUR

SEDAN

PENDANT

LA GUERRE & L'OCCUPATION

1870-1873

In memóriam.

SEDAN

IMPRIMERIE DE JULES LAROCHE

22, GRANDE RUE, 22

—

1889

AndrÉ Gollnisch

QUELQUES DOCUMENTS

SUR

SEDAN

PENDANT

LA GUERRE & L'OCCUPATION

1870-1873

In memoriam.

SEDAN

IMPRIMERIE DE JULES LAROCHE

22, GRANDE RUE, 22

—

1889

On a écrit bien des livres sur la bataille de Sedan, tant au point de vue militaire qu'au point de vue local : aussi, notre but en publiant ces pages a-t-il été d'ajouter à ces intéressants récits un certain nombre de documents, peu connus ou peut-être oubliés, qui en formeront en quelque sorte le complément.

C'est l'histoire de ces jours néfastes écrite sur nos murs ; c'est le souvenir de la longue et douloureuse occupation allemande que nous avons subie ; ce sont, rappelés à la mémoire de tous, les noms des citoyens sedanais qui se sont dévoués pour notre ville au Conseil municipal.

Nous dédions ce livre aux jeunes gens pour **qu'ils se souviennent et espèrent !**

A. G.

20 Juin 1889.

QUELQUES DOCUMENTS SUR SEDAN

PENDANT LA GUERRE & L'OCCUPATION

1870-1873

Déclaration de guerre.

DÉPÊCHE TÉLÉGRAPHIQUE.

Le Ministre de l'Intérieur à MM. les Préfets et Sous-Préfets.

Le Garde des Sceaux et M. le Ministre des Affaires Étrangères ont fait au Sénat et au Corps Législatif la déclaration suivante :

« La manière dont vous avez accueilli notre déclaration du 6 juillet, nous ayant donné certitude que vous approuvez notre politique et que nous pouvions compter sur votre appui, nous avons aussitôt commencé des négociations avec les Puissances étrangères pour obtenir leurs bons offices avec la Prusse, afin qu'elle reconnut la légitimité de nos griefs. Dans ces négociations nous n'avons rien demandé à l'Espagne, dont nous ne voulons ni éveiller les susceptibilités, ni froisser l'indépendance. Nous n'avons pas agi auprès du Prince de Hohenzollern, que nous considérons comme couvert par le Roi. Nous avons également refusé de mêler à notre discussion aucune récrimination ou de la faire sortir de l'objet même dans lequel nous l'avons renfermée.

« Dès le début, la plupart des Puissances étrangères ont été pleines d'empressement à nous répondre, et elles ont avec plus ou moins de chaleur, admis la justesse de nos réclamations. Le Ministre des Affaires Étrangères prussien nous a opposé une fin de non recevoir, en prétendant qu'il ignorait l'affaire et que le cabinet de Berlin y était resté étranger. Nous avons dû alors nous adresser au Roi lui-même et nous avons donné à notre Ambassadeur l'ordre de se rendre à Ems, auprès de Sa Majesté. Tout en reconnaissant qu'il avait autorisé le Prince de Hohenzollern à accepter la candidature qui lui avait été offerte, le Roi de Prusse a soutenu qu'il était resté étranger aux négociations poursuivies entre le Gouvernement Espagnol et le Prince de Hohenzollern ; qu'il n'y était intervenu que comme chef de famille et nullement comme souverain, et qu'il n'avait ni réuni, ni consulté le Conseil de ses Ministres.

« Sa Majesté a reconnu cependant qu'elle avait informé le comte de Bismarck de ces divers incidents.

« Nous ne pouvions considérer ces réponses comme satisfaisantes ; nous n'avons pu admettre cette distinction subtile entre le souverain et le chef de famille, et nous avons insisté pour que le Roi conseillât et imposât au besoin au Prince Léopold, une renonciation à la candidature.

« Pendant que nous discutions avec la Prusse le désistement du Prince Léopold, il nous vint du côté d'où nous ne l'attendions pas, et nous fut remis, le 12 juillet, par l'Ambassadeur d'Espagne.

« Le Roi ayant voulu y rester étranger, nous lui demandâmes de s'y associer et de déclarer que, si par un de ces revirements toujours possibles dans un pays sortant d'une révolution, la couronne était de nouveau offerte par l'Espagne au Prince Léopold, il ne l'autoriserait plus à l'accepter, afin que ce débat dut être considéré comme définitivement clos.

« Notre demande était modérée ; les termes dans lesquels nous l'exprimions, ne l'étaient pas moins.

« Dites bien au Roi, écrivons-nous au Comte Benedetti (12 juillet à minuit), que nous n'avons aucune arrière-pensée, que nous ne cherchons pas un prétexte de guerre et que nous ne demandons qu'à résoudre une difficulté que nous n'avons pas créée nous-mêmes. Le Roi consentit à approuver la renonciation du Prince Léopold, mais il refusa de déclarer qu'il n'autoriserait plus à l'avenir le renouvellement de cette candidature. J'ai demandé au Roi, écrivait Benedetti le 13 juillet à minuit, de vouloir bien me permettre de vous annoncer en son nom que si le Prince Hohenzollern revenait à son projet, Sa Majesté entreposerait son autorité et y mettrait obstacle. Le Roi a absolument refusé de m'autoriser à vous transmettre une semblable déclaration ; j'ai vivement insisté, mais sans réussir à modifier les dispositions de Sa Majesté. Le Roi a terminé notre entretien me disant qu'il ne pouvait ni ne voulait prendre pareil engagement, et qu'il devrait pour cette éventualité comme pour toute autre, se réserver la faculté de consulter les circonstances.

« Quoique ce refus nous parut injustifiable, notre désir de conserver à l'Europe les bienfaits de la paix était tel que nous ne rompîmes pas les négociations et que malgré notre impatience légitime, craignant qu'une discussion ne les entravât, nous vous avons demandé d'ajourner nos explications.

« Aussi notre surprise a-t-elle été profonde lorsqu'hier nous avons appris que le Roi de Prusse avait notifié par un aide-de-camp à notre Ambassadeur qu'il ne le recevrait plus, et que pour donner à ce refus un caractère non équivoque, son Gouvernement l'avait communiqué officiellement aux cabinets de l'Europe ; nous apprenions en même temps que M. le baron de Verther avait reçu l'ordre de prendre un congé et que des armements s'opéraient en Prusse.

« Dans ces circonstances, tenter davantage pour la conciliation eut été un oubli de dignité et une imprudence. Nous n'avons rien négligé pour éviter une guerre. Nous allons préparer et soutenir celle qu'on nous offre en laissant à chacun la part de responsabilité qui lui revient. Dès hier nous avons rappelé nos réserves ; et avec votre concours nous allons prendre immédiatement les mesures nécessaires pour sauvegarder les intérêts, la sécurité et l'honneur de la France. »

Des cris de Vive l'Empereur et des applaudissements plusieurs fois répétés ont accueilli cette déclaration.

Pour copie conforme :

Le Sous-Préfet,
Bon Pétiet.

MAIRIE DE SEDAN

Avis urgent.

Garde nationale sédentaire.

Le Maire de Sedan s'empresse de porter à la connaissance de ses Concitoyens l'avis qui vient de lui être communiqué.

Le Gouvernement a l'intention d'organiser de suite des Gardes nationales sédentaires dans les places fortes de la frontière des Ardennes.

La ville de Sedan est spécialement désignée pour un effectif qui pourra s'élever jusqu'à 1,400 hommes ; il s'agirait surtout de former des compagnies d'artilleurs.

Cette formation doit avoir lieu dans le plus bref délai possible.

En attendant une organisation complète et conforme à la loi, tous les habitants de bonne volonté et aptes au service sont invités à se faire incorporer spontanément, et à se présenter à cet effet, dès aujourd'hui, au Bureau militaire et au Secrétariat de la Mairie.

Il est fait tout particulièrement appel en ce moment aux Citoyens qui, ayant déjà servi dans l'armée, connaissent le maniement des armes et du canon.

A l'Hôtel de Ville de Sedan, le 27 juillet 1870.

Le Maire,
A. Philippoteaux.

Saarbruck. — Les mitrailleuses.

DÉPÈCHE TÉLÉGRAPHIQUE

Paris, 3 août, 2 heures 30 du soir.

Le Ministre de l'Intérieur à MM. les Préfets et Sous-Préfets.

Je reçois du Secrétaire de l'Empereur la dépêche suivante :

.   Metz, 3 août, midi.

« Veuillez communiquer la note suivante aux journaux de Paris.

« Hier, lorsqu'on a occupé les hauteurs de Saarbruck, une batterie de mitrailleuses a été mise en position en présence de l'Empereur et du Prince Impérial.

« L'Empereur avait ordonné qu'on ne tirât que si cela devenait nécessaire. Les Prussiens, en effet, étant cachés dans les ravins ou des maisons, ou bien disséminés en tirailleurs, on ne pouvait se servir utilement de notre nouvelle artillerie.

« Mais bientôt on aperçut un peloton ennemi qui défilait sur le chemin de fer de la rive droite, à une distance de 1,600 mètres, on dirigea dessus les mitrailleuses et en un clin d'œil le groupe fut dispersé, laissant la moitié de ses hommes par terre.

« Un second peloton se hasarda de nouveau sur la même ligne et subit le même sort. Dès lors personne n'osa plus passer sur le chemin de fer.

« Les officiers d'artillerie français sont enthousiasmés des effets des mitrailleuses.

« Parmi les prisonniers prussiens se trouvent plusieurs volontaires d'un an. On sait qu'en Prusse ces militaires appartiennent à des familles aisées qui s'engagent au service pour une année. Ils ont été très discrets au sujet des questions qu'on leur a adressées, mais ils ont convenu de la supériorité du fusil français sur le fusil prussien.

« D'un autre côté, le maréchal Bazaine a eu un engagement

avec les tirailleurs ennemis. Plusieurs prussiens ont été tués, aucun des nôtres n'a été blessé. »

Pour copie conforme :   *Le Sous-Préfet,*
                                       Bon Pétiet.

Paris, 7 août 1870, 11 heures 30 du matin.

Le Ministre de l'Intérieur à MM. les Préfets et Sous-Préfets.

Proclamation de l'Impératrice régente.

Français,

Le début de la guerre ne nous est pas favorable.

Nos armes ont subi un échec.

Soyons fermes dans ce revers et hâtons-nous de le réparer.

Qu'il n'y ait parmi nous qu'un seul parti: celui de la France ; qu'un seul drapeau : celui de l'honneur national.

Je viens au milieu de vous, fidèle à ma mission et à mon devoir. Vous me verrez la première au danger pour défendre le drapeau de la France. J'adjure tous les bons citoyens de maintenir l'ordre, le troubler serait conspirer avec nos ennemis.

Fait au Palais des Tuileries, 7 août 1870, 11 heures du matin.

                                       L'Impératrice,
                                       Eugénie.

Pour copie conforme :   *Le Sous-Préfet,*
                                       Bon Pétiet.

Appel au pays.

Paris, le 8 août, 6 heures 40 du soir.

Le Ministre de l'Intérieur à MM. les Préfets et Sous-Préfets.

Français,

Nous avons dit toute la vérité. Maintenant à vous de remplir votre devoir. Qu'un même cri sorte de toutes les poitrines d'un

bout de la France à l'autre. Que le Peuple entier se lève fré-
missant, dévoué pour soutenir le grand combat ! Quelques-uns
de nos régiments ont succombé sous le nombre. Notre armée
n'a pas été vaincue. Le même souffle intrépide l'anime toujours.
Soutenons-la !! A l'audace momentanément heureuse, opposons
la ténacité qui dompte le destin ! Replions-nous sur nous-mêmes
et que nos envahisseurs se heurtent contre un rempart invin-
cible de poitrines humaines ! Comme en 1792 et comme à
Sébastopol que nos revers ne soient que l'école de nos victoires !
Ce serait un crime de douter un instant du salut de la Patrie
et surtout de n'y pas contribuer. Debout, donc debout !!! Et
vous, habitants du Centre, du Nord et du Midi, sur qui ne pèse
pas le fardeau de la guerre, accourez d'un élan unanime au
secours de vos frères de l'Est. Que la France, unie dans les
succès, se retrouve plus unie encore dans les épreuves et que
Dieu bénisse nos armes.

Le Garde des Sceaux, Ministre de la Justice et des
Cultes, Émile OLLIVIER. — Le Ministre des
Affaires étrangères, GRAMONT. — Le Ministre
de l'Intérieur, CHEVANDIER DE VALDROME. — Le
Ministre des Finances, SEGRIS. — Le Ministre
de la Guerre par intérim, Général Vte DEJEAN.
— Le Ministre de la Marine et des Colonies,
Amiral RIGAULT DE GENOUILLY. — Le Ministre
de l'Instruction publique, MÈGE. — Le Ministre
des Sciences, Lettres et Arts, RICHARD. —
Le Ministre Président du Conseil d'État, DE
PARIEU. — Le Ministre des Travaux publics,
PLICHON. — Le Ministre de l'Agriculture et du
Commerce, LOUVET.

Pour copie conforme :

Le Sous-Préfet,

Bon PÉTIET.

Pour copie conforme :

Le Maire de Sedan,

A. PHILIPPOTEAUX.

Affaire de Rezonville.

DÉPÊCHE TÉLÉGRAPHIQUE

Paris, 18 août, 5 heures du matin.

Le Ministre de l'Intérieur à MM. les Préfets et Sous-Préfets.

Verdun, 17 août, 8 heures 05 du soir.

Le Maréchal commandant en chef au Ministre de l'Intérieur.

Quartier Général, 16 août 1870.

Ce matin, vers 9 heures, les corps d'armée commandés par le Prince Frédéric-Charles ont dirigé une attaque très vive sur la droite de notre position. La division de cavalerie du général Foreton et le 2ᵉ corps d'armée commandé par le général Frossard ont fait bonne contenance.

Les corps échelonnés à droite et à gauche de Rezonville sont venus successivement prendre part à l'action qui a duré jusqu'à la nuit tombante. L'ennemi avait déployé des forces considérables et a essayé à plusieurs reprises des retours offensifs qui ont été vigoureusement repoussés. A la fin de la journée, un nouveau corps d'armée a cherché à déborder notre gauche.

Nous avons partout maintenu nos positions et infligé à l'ennemi des pertes considérables. Les nôtres sont sérieuses. Le général Bataille a été blessé. Au plus fort de l'action un régiment de uhlans a chargé l'État-Major du Maréchal, 20 hommes de l'escorte ont été mis hors de combat. Le Capitaine qui la commandait a été tué.

A huit heures du soir, l'ennemi était refoulé sur toute la ligne ; on estime à 120,000 hommes le chiffre des troupes engagées.

Pour copie conforme :

Le Ministre de l'Intérieur,

Henri CHEVREAU.

Pour copie conforme :

Le Sous-Préfet,

Bᵒⁿ PÉTIET.

Attaque de Verdun.

DÉPÊCHE TÉLÉGRAPHIQUE

Paris, 27 août, 9 heures 55 du soir.

Le Ministre de l'Intérieur à MM. les Préfets, Sous-Préfets, Généraux de divisions et de subdivisions.

Par une dépêche arrivée aujourd'hui et datée du 25 août, le Sous-Préfet de Verdun informe la Ministre de l'Intérieur que cette ville a été réattaquée le 24 par un corps prussien de 8 à 10,000 hommes commandés par le Prince de Saxe. Après un combat très vif de trois heures, pendant lequel plus de 300 obus ont été lancés contre la Ville, les Prussiens fort maltraités par notre artillerie, ont été repoussés sur toute la ligne. Nos pièces, servies en grande partie par la Garde nationale sédentaire, ont causé de grands dommages à l'ennemi. Nous avons eu 5 hommes tués, 3 gardes nationaux sédentaires, 1 mobile et 1 fantassin, 12 blessés, dont 4 grièvement.

L'ennemi a tiré sur l'ambulance de l'Évêché, qui a reçu 17 projectiles.

La population a été admirable de patriotisme et de mâle énergie.

Pour copie conforme :   *Le Sous-Préfet,*

Bon PÉTIET.

Une fausse alerte.

MAIRIE DE SEDAN

Le Maire de Sedan à ses Concitoyens,

La fausse alerte donnée pendant la soirée d'hier a été produite par des incidents tout à fait involontaires : une rixe entre gens ivres au-delà de la gare, dans laquelle le cri : « au secours ! » et surtout le cri : « aux armes ! » a été imprudemment poussé, répété et rapporté dans l'intérieur de la Ville, a fait croire que l'ennemi tentait une surprise contre notre Place.

Cette regrettable erreur a fourni d'ailleurs à notre population l'occasion de montrer la plus énergique et la plus patriotique attitude, et sous ce rapport tous ont droit à des remerciements et à des félicitations.

Mais l'élan du cœur ne suffit pas pour assurer le succès ; il faut l'ordre, la discipline, l'expérience ; et les armes de guerre ne doivent rester qu'entre les mains de ceux qui ont légalement droit de les porter.

Depuis hier soir, un certain nombre de fusils ont été conservés par des citoyens qui n'appartiennent pas à la Garde Nationale ; il faut que ces armes rentrent dans les 24 heures au dépôt, à la Mairie, pour être distribuées ensuite à qui de droit.

Cette obligation résulte de la loi sur l'état de siège qui inflige des peines sévères à tout détenteur non autorisé d'armes de guerre.

La nécessité de cette remise immédiate est en outre constatée par cette circonstance que la plupart de ces généreux volontaires étaient si peu expérimentés, qu'ils ont chargé leurs fusils d'une manière qui compromet l'arme elle-même ou qui peut amener de sérieux accidents.

Donc, que ces armes soient rapportées dans les 24 heures à la mairie, par quiconque en possède, qui ne fait pas encore partie de la Garde nationale.

A l'avenir, en cas de véritable alerte :

Que tous les habitants éclairent la nuit leurs demeures ;

Que les femmes et enfants s'abstiennent de sortir dans les rues ;

Que les hommes non armés se rendent aux lieux de réunion des sapeurs-pompiers et sur les points où un incendie pourrait se manifester, c'est là qu'ils rendront d'aussi grands services que les défenseurs armés de la place ;

Que tous enfin prêtent aux Autorités leur patriotique concours pour le maintien du bon ordre et le respect des lois dont la guerre elle-même n'affranchit personne.

Fait en l'Hôtel de Ville, le 29 août 1870.

Le Maire,
A. PHILIPPOTEAUX.

Proclamation de Napoléon III

Soldats !

Les débuts de la guerre n'ayant pas été heureux, j'ai voulu, en faisant abstraction de toute préoccupation personnelle, donner le commandement des armées aux Maréchaux que désignait plus particulièrement l'opinion publique.

Jusqu'ici le succès n'a pas couronné vos efforts ; néanmoins j'apprends que l'armée du maréchal Bazaine s'est refaite sous les murs de Metz, et celle du maréchal de Mac-Mahon n'a été que légèrement entamée hier. Il n'y a donc pas lieu de nous décourager. Nous avons empêché jusqu'ici l'ennemi de pénétrer jusqu'à la capitale, et la France entière se lève pour repousser ses envahisseurs. Dans ces graves circonstances, l'Impératrice me représentant dignement à Paris, j'ai préféré le rôle de Soldat à celui de Souverain. Rien ne me coûtera pour sauver notre Patrie, elle renferme encore, Dieu merci, des hommes de cœur, et s'il y a des lâches, la loi militaire et le mépris public en feront justice.

Soldats, soyez dignes de votre ancienne réputation. Dieu n'abandonnera pas notre pays, pourvu que chacun fasse son devoir !

Fait au Quartier-Impérial de Sedan, le 31 août 1870.

NAPOLÉON.

_____

Lettre de Napoléon au Roi de Prusse.

Monsieur mon Frère,

N'ayant pu mourir au milieu de mes troupes, il ne me reste qu'à remettre mon épée entre les mains de Votre Majesté,

Je suis de Votre Majesté,

le bon Frère,

NAPOLÉON.

Sedan, le 1er septembre 1870.

_____

Lettre du Roi de Prusse à Napoléon.

Monsieur mon Frère,

En regrettant les circonstances dans lesquelles nous nous rencontrons, j'accepte l'épée de Votre Majesté et je la prie de vouloir bien nommer un de vos officiers muni de vos pleins pouvoirs pour traiter de la capitulation de l'armée, qui s'est si bravement battue sous vos ordres. De mon côté, j'ai désigné le général de Moltke à cet effet.

Je suis de Votre Majesté,
le bon Frère,

GUILLAUME.

Devant Sedan, le 1er septembre 1870.

Suspension d'armes.

Des négociations sont entamées ; en conséquence, l'offensive demeurera suspendue de notre côté pendant la nuit. Il reste entendu cependant que toute tentative de l'ennemi pour forcer nos lignes sera repoussée par les armes. Si les pourparlers devaient ne pas aboutir, les hostilités recommenceraient ; mais il y aurait lieu d'attendre pour cela le signal, qui serait marqué par la reprise du feu des batteries établies sur les hauteurs, à l'est de Frénois.

DE MOLTKE.

Capitulation de Sedan.

Entre les soussignés, le chef d'Etat-major général de S. M. le Roi de Prusse, commandant en chef l'armée allemande et le général commandant en chef l'armée française, tous deux munis des pleins pouvoirs de LL. MM. le roi Guillaume et l'empereur Napoléon, la convention suivante a été conclue :

Article 1er. — L'armée française, placée sous les ordres du général de Wimpffen, se trouvant actuellement cernée dans Sedan par des forces supérieures, est prisonnière de guerre.

Article 2. —Eu égard à la valeureuse défense de cette armée, il est fait exception pour tous les généraux et officiers, ainsi que pour les fonctionnaires ayant rang d'officiers, qui engageront leur parole d'honneur par écrit de ne pas porter les armes contre l'Allemagne, et de n'agir d'aucune autre manière contre ses intérêts jusqu'à la fin de la guerre actuelle. Les officiers et fonctionnaires qui accepteront ces conditions, conserveront leurs armes et les objets qui sont leur propriété personnelle.

Article 3. — Toutes les autres armes, ainsi que le matériel de l'armée, consistant en drapeaux (aigles et étendards), canons, chevaux, caisses de guerre, équipages de l'armée, munitions, etc., seront remis à Sedan à une Commission militaire instituée par le commandant en chef français, pour être livrés immédiatement au commissaire allemand.

Article 4. — La place de Sedan sera remise ensuite dans son état actuel, et au plus tard dans la soirée du 2 septembre, à la disposition de S. M. le Roi de Prusse.

Article 5. — Les officiers qui n'auront pas souscrit l'engagement mentionné en l'article 2 et les hommes, après avoir été désarmés, seront rangés par régiments et conduits en bon ordre dans la presqu'île formée par la Meuse, près d'Iges. Les groupes ainsi constitués y seront remis entre les mains des commissaires allemands par les officiers, qui céderont ensuite le commandement aux sous-officiers.

Cette disposition commencera à recevoir son exécution le 2 septembre et devra être terminée le 3.

Article 6. — Les médecins militaires, sans exception, resteront en arrière pour donner leurs soins aux blessés.

Fait à Frénois, le 2 septembre 1870.

Signé : DE MOLTKE.   Signé : DE WIMPFFEN.

Proclamation du général de Wimpffen.

Soldats,

Hier vous avez combattu contre des forces très supérieures. Depuis le point du jour jusqu'à la nuit, vous avez résisté à l'ennemi avec la plus grande valeur et brûlé jusqu'à la dernière cartouche. Epuisés par cette lutte, vous n'avez pu répondre à l'appel qui vous a été fait par vos généraux et par vos officiers pour tenter de gagner la route de Montmédy et de rejoindre le maréchal Bazaine. Deux mille hommes seulement ont pu se rallier pour tenter un suprême effort. Ils ont dû s'arrêter au village de Balan et rentrer dans Sedan, où votre général a constaté avec douleur qu'il n'existait ni vivres ni munitions de guerre.

On ne pouvait songer à défendre la place, que sa situation rend incapable de résister à la nombreuse et puissante artillerie de l'ennemi.

L'armée réunie dans les murs de la ville ne pouvant ni en sortir, ni la défendre ; les moyens de subsistance manquant pour la population et pour les troupes, j'ai dû prendre la triste détermination de traiter avec l'ennemi.

Envoyé hier au Quartier-Général prussien, avec les pleins pouvoirs de l'Empereur, je ne pus d'abord me résigner à accepter les clauses qui m'étaient imposées. Ce matin seulement, menacé d'un bombardement auquel nous n'aurions pu répondre, je me suis décidé à de nouvelles démarches, et j'ai obtenu des conditions, dans lesquelles vous sont évitées, autant qu'il a été possible, les formalités blessantes que les usages de la guerre entraînent le plus souvent en pareilles circonstances.

Il ne nous reste plus, officiers et soldats, qu'à accepter avec résignation les conséquences de nécessités contre lesquelles une armée ne peut lutter : manque de vivres et manque de munitions pour combattre.

J'ai du moins la consolation d'éviter un massacre inutile et de conserver à la Patrie des soldats susceptibles de rendre encore dans l'avenir de bons et brillants services.

Le général commandant en chef,
DE WIMPFFEN.

Sedan, le 2 septembre 1870.

Proclamation du général de Wimpffen aux habitants de Sedan.

3 septembre 1870.

Aux habitants de la ville de Sedan,

Le général commandant les troupes dans les journées des 1er et 2 septembre vous remercie de l'hospitalité sans limites que vous leur avez accordée.

Vous vous êtes imposé les plus dures privations pour satisfaire aux exigences d'hommes blessés, malades ou épuisés par des luttes successives.

Vous laissez dans le cœur de tous un sentiment de reconnaissance qu'il était de mon devoir de vous exprimer.

De la part de tous, merci !

Le général de division,
DE WIMPFFEN.

Rassemblement des troupes.

Avis urgent.

Tous les militaires français, actuellement en Ville, doivent rejoindre immédiatement leurs points de concentration.

Les habitants ne doivent en conserver aucun dans leurs maisons, à l'exception des blessés régulièrement admis par les ambulances.

Les habitants doivent donc faire sortir de suite tous les autres de leurs domiciles.

Ces dispositions ont été arrêtées de concert entre le Général de division de Wimpffen et le Maire de Sedan.

Sedan, le 3 septembre 1870.

A. PHILIPPOTEAUX.

Emplacements des corps d'armée.

1er corps : Quartier Nord de la Ville.

5e corps : Quartier Est, la droite à la porte de Balan.

7e corps : Quartier Ouest, la gauche à la porte de Mézières.

12e corps : Quartier Sud, la droite à la porte de Mézières, la gauche à la porte de Balan.

Artillerie : Dans les rues, les voitures rangées d'un seul côté le long du trottoir, les chevaux attachés aux roues sur le trottoir. — Le grand parc à Torcy.

Cavalerie : Chevaux au piquet dans la prairie et le faubourg de Torcy.

Génie : Grand parc à Torcy.

Administration : Les voitures sur la place de l'Hôtel de Ville et dans les rues adjacentes.

MAIRIE DE SEDAN

Avis concernant les logements militaires.

Les habitants de la Ville devront pourvoir dès aujourd'hui au logement chez eux de deux mille hommes d'infanterie, un escadron de cavalerie, une batterie d'artillerie et une compagnie d'artillerie.

La répartition sera faite le plus équitablement possible au moyen de billets de logements.

Les habitants doivent être complètement rassurés sur la conduite des militaires ; ils observeront la discipline la plus sévère ; ils respecteront les personnes et les propriétés ; en cas d'infraction à la discipline, une plainte serait déposée à la Mairie et transmise à qui de droit.

Sedan, le 4 septembre 1870.

Le Maire,
A. Philippoteaux.

Les ambulances.

MAIRIE DE SEDAN

Avis urgent.

Tous les habitants qui ont recueilli chez eux des blessés, devront se présenter aujourd'hui avant 4 heures de l'après-midi, à la Mairie, et y remettre par écrit, les renseignements suivants :

1° Le nom et l'adresse de l'habitant avec indication de la rue et du numéro de sa maison.

2° Le nom et le grade des blessés et l'indication des régiments et armes auxquels ils appartiennent.

Pour les ambulances :

Chaque chef d'ambulance est invité à faire connaître aussi à la Mairie le nombre total de ses blessés, et le nombre de ceux qu'il serait nécessaire d'évacuer promptement pour réduire les lits aux proportions qu'exigent la santé des blessés et la salubrité publique.

Sedan, le 5 septembre 1870.

Le Maire,
A. Philippoteaux.

Ensevelissement des morts.

MAIRIE DE SEDAN

Tous les habitants de 20 à 55 ans, sont requis pour terminer dès aujourd'hui le nettoyage de la Ville et l'ensevelissement des morts et l'enfouissement des chevaux.

Ils se rendront à la Mairie, et y seront placés sous la conduite de chefs de brigade désignés par le Conseil municipal.

Ne sont exceptés de la présente réquisition que les membres du Conseil municipal, les personnes attachées aux ambulances ou aux besoins de l'alimentation et à tout autre service public.

Réunion à 10 heures du matin, aujourd'hui.

Quiconque se refuserait au travail requis s'expose à y être contraint par la force et autres pénalités qui seront ultérieurement déterminées.

Sedan, le 5 septembre 1870.

Le Maire,
A. PHILIPPOTEAUX.

Liste des habitants de Bazeilles, tués, blessés ou disparus lors des combats des 31 août et 1er septembre 1870.

1º Cotin-Chartier, âgé de 42 ans, blessé le 31 août par une balle qui lui a traversé l'épaule, fait prisonnier le 2 septembre, mis en liberté le 8, mort le 15. Laisse une femme et deux enfants, âgés l'un de 19 ans, l'autre de 8 ans, sans ressources.

2º Déhaye Jules, 30 ans. Deux enfants asphyxiés dans une citerne. Le père et le troisième enfant sont morts depuis.

La veuve reste sans ressources.

3º Déhaye Simon, 65 ans, père de Jules ci-dessus nommé, tué à coups de crosses de fusil le 1er septembre. Sa femme est morte quelque temps après.

4º Boury Emmanuel, 39 à 40 ans, célibataire, tué sur la rue le 1er septembre. (Atteint d'insanité d'esprit).

5º Henriet Gustave, 27 ans, célibataire, tué le 1er septembre. (Atteint d'insanité d'esprit).

6º Baptiste, célibataire, 57 ans, tué le 1er septembre. (Idiot).

7º Lacroix-Lardenois, 56 ans, disparu et retrouvé enterré dans la prairie. Laisse une veuve et un fils sans ressources.

8° Lesoile Nicolas, 58 ans, manœuvre, disparu et retrouvé enterré dans la prairie, portant plusieurs coups de sabre à la figure. Laisse une veuve et deux enfants sans ressources.

9° Pochet-Legay Ferdinand, étranger habitant Bazeilles, où il ne se trouvait pas le 1er septembre. Rentré le 2 de Corbion (Belgique), pris par les soldats bavarois, disparu et retrouvé enterré dans la prairie. Laisse une veuve et trois enfants en bas âge dans une grande misère.

10° Bézé-Bertrand, disparu le 1er septembre. Il était employé aux ambulances et garde de M. Thomas-Friquet. Il laisse une veuve et deux enfants sans ressources.

11° Henry-Moutarde, 58 ans, disparu ; on n'a point retrouvé son corps. Laisse une veuve et un enfant sans moyens d'existence. (Suisse de la paroisse).

12° Jacquet-St-Jean, 57 ans, atteint de deux coups de feu au moment où il s'enfuyait ; disparu. Laisse une veuve et deux enfants sans moyens d'existence.

Le sieur Bodart déclare avoir vu son cadavre dans une rigole.

13° Malaisé-Hagnéry, 64 ans. On pense qu'il aurait été tué dans son écurie, son corps a été retrouvé dans les décombres de sa maison. Laisse une veuve et deux enfants ayant des moyens d'existence.

14° Hagnéry-Lambinet, 57 ans, fait prisonnier et disparu. Laisse une veuve et un fils ayant quelques moyens d'existence.

15° Lhuire Paulin, 61 ans, blessé d'un coup de sabre à la tête, au moment où il remontait trop lentement de la cave, où il était descendu pour tirer du vin ; disparu. Laisse une veuve ayant quelques moyens d'existence.

16° Lhuire-Hosselet, 65 ans, frère du précédent, veuf, disparu.

17° Cuvillier, 60 ans, belge, disparu. Laisse une veuve et plusieurs enfants sans aucun moyen d'existence.

18° et 19° Les deux frères Gripoix, âgés de 50 et 56 ans, l'un tué dans la Grande Rue et l'autre disparu et retrouvé enterré dans la prairie. Laissent une sœur estropiée ayant quelques moyens d'existence.

20° Grosjean, 40 ans, belge, garçon brasseur chez Mme Jacob, disparu et retrouvé enterré dans la prairie.

21° Lamotte Jean-Pierre, garçon brasseur chez Mme Jacob, disparu et retrouvé enterré dans la prairie. Laisse une veuve et trois enfants sans aucun moyen d'existence.

22° Husson-Collet, 89 ans, disparu et retrouvé enterré dans la prairie. Il n'avait sur son corps aucune trace de blessures.

23° Dagand Auguste, 60 ans, disparu. On n'a pas retrouvé son corps. Laisse une veuve ayant quelques moyens d'existence.

24° Herbulot-Aymond, 58 ans, tué le 1er septembre. Laisse une veuve et deux enfants sans moyen d'existence.

25° Legay Madeleine, veuve, 76 ans, brûlée dans son lit.

26° Bertholet-Francotte, veuve, 75 ans, brûlée dans son lit.

27° Vauchelet-Hagnéry, asphyxié et brûlé dans sa cave. Laisse une veuve ayant des moyens d'existence.

28° Vauchelet Flore, 12 ans, fille du précédent.

29° Hagnéry Pierre, beau-père de Vauchelet.

30° Hagnéry Jean-Baptiste-Antoine, fils du précédent, célibataire.

Ces quatre personnes ont été asphyxiées et brûlées dans la cave du sieur Vauchelet, où elles s'étaient réfugiées.

31° Robert-Paris, homme de mœurs douces et paisibles, disparu et retrouvé enterré dans le parc de Montvillers. Laisse une veuve et deux enfants ayant des moyens d'existence.

32° X..., de Yoncq, domestique de M. Robert ci-dessus nommé, s'était sauvé pendant la bataille de Beaumont et s'était rendu chez sa sœur.

Retrouvés tous deux, liés ensemble, dans le parc de Montvillers. Leurs corps étaient criblés de balles.

33° Billiot Jean-Baptiste, belge, domestique chez Théophile Allin, célibataire, disparu.

34° Remy-Monin, 30 ans, malade, alité depuis trois mois, a reçu trois coups de pistolet. Une balle lui a labouré le menton, une autre lui a traversé la main, et la troisième lui a labouré la poitrine. Il est mort quinze jours après, laissant une femme et un enfant sans aucun moyen d'existence.

35° Domelier-Coquille, 86 ans, tué dans sa maison et brûlé ensuite. Laisse une veuve à peu près du même âge et sans moyens d'existence.

36° Harbulot-Lambert, 50 ans, réfugié dans sa cave, blessé à la tête et au bras de neuf coups de sabre, fait prisonnier, relaxé, et mort à la suite de ses blessures. Sa femme a été emmenée et est restée pendant neuf jours entre les mains des ennemis, qui lui ont fait subir les plus odieux traitements. Elle reste veuve avec deux enfants, sans moyens d'existence.

37° Uranie Moreau, femme Ducheny, 54 ans, faite prisonnière et morte des mauvais traitements qu'elle a subis. Son mari, plus que sexagénaire, a été, sans motifs, accablé de coups et sur le point d'être fusillé.

38° Déhaye-Bertholet, blessé d'une balle au bras qui l'a longtemps retenu malade, sans moyens d'existence.

En outre, sur la population de Bazeilles, s'élevant à 2,048 habitants, qui se sont réfugiés en partie dans les villages voisins, il est mort, depuis le 1er septembre 1870, environ 150 individus, par suite de misères et de privations.

Certifié sincère et véritable le présent rapport, par nous, maire de Bazeilles.

Bazeilles, le 23 avril 1871.

Signé : BELLOMET.

--- --- --- ---

Une réquisition à M. Edmond Gollnisch.

Monsieur,

Monsieur le général de Tausch se voyant forcé de passer plusieurs jours dans votre maison de campagne, m'ordonne de vous en prévenir et de vous engager de nous fournir tout ce qui est nécessaire pour nous établir convenablement.

J'invite donc Monsieur de bien vouloir se rendre lui-même ou d'envoyer un de ses gens à Balan pour prendre nos ordres. Si Monsieur tarde de suivre immédiatement cette invitation, Monsieur le général se trouvera dans la nécessité d'abandonner votre maison et de la laisser comme maison vide à nos soldats, qui ne tarderont pas de s'en emparer et de prendre tout ce qu'ils considéreront utile ou nécessaire pour installer leurs bivouacs.

Agréez, Monsieur, l'expression de mes plus profonds respects.

Von Konitz,
lieutenant-colonel.

Le 5 septembre 1870.

Monsieur Gollnisch est invité de fournir au général et aux officiers, qui habitent sa villa, des *œufs*, de la *graisse*, des *poulets*, du *sucre*, du *café*, du *porc*, du **bon vin** *(sic)*, des *légumes* (par exemple des échalottes, etc.), puis des marmites, de la lingerie, des oreillers.

Sedan, 5 septembre 1870.

(Pour 6 officiers et 3 jours !)

Tausch, général.

Monnaies allemandes.
Avis.

Le Maire de la ville de Sedan porte à la connaissance des habitants, le tableau de la valeur comparative des monnaies françaises et prussiennes :

Un thaler de Prusse vaut 3 francs 75 centimes.

Le thaler de Prusse se subdivise en silbergroschen, dont 30

font 1 thaler, par conséquent un silbergroschen vaut 12 centimes 1/2.

Il y a :

Des pièces de 10 silbergroschen qui valent 1 fr. 25 centimes.

Des pièces de 5 silbergroschen qui valent 0 fr. 62 c. 1/2.

Des pièces de 2 silbergroschen 1/2 qui valent 0 fr. 31 c. 1/4.

Les monnaies en cuivre valent en centimes le chiffre qui est indiqué dessus.

Un florin ou gulden de Bavière, de Wurtemberg et de la Hesse, vaut 2 fr. 15 cent.

Un 1/2 florin ou 1/2 gulden de Bavière, de Wurtemberg et de la Hesse, vaut 1 fr. 07 c. 1/2.

Le florin se subdivise en kreutzer, dont 60 font un florin.

Il y a :

Des pièces de 6 kreutzer qui valent par conséquent 0 fr. 21 centimes 1/2.

Des pièces de 3 kreutzer qui valent par conséquent 0 fr. 10 centimes 3/4.

Sedan, le 10 septembre 1870.

Le Maire,

A. PHILIPPOTEAUX.

Réquisitions de literies.

Avis.

Par ordre de Monsieur le Commandant de la Place,

Le Maire de la ville de Sedan

Informe les habitants qu'ils sont obligés de fournir immédiatement les literies nécessaires pour la garnison dans les casernes. Chaque personne astreinte au logement militaire et quiconque a des couchages disponibles, doit donc envoyer dès aujourd'hui ou demain avant 10 heures du matin, au moins un matelas, un traversin ou un coussin, et une couverture.

A défaut d'exécution volontaire de cette mesure, dans le délai fixé, les habitants y seraient contraints par l'autorité militaire.

La remise des couchages devra être faite aujourd'hui, de 2 heures à 6 heures du soir, et demain avant 10 heures du matin, aux endroits suivants, chacun selon le quartier qu'il habite, savoir :

	Matelas.	Traversins.	Couvertures.
1. Au Château-haut	519	858	447
2. Au Château-bas	445	471	396
3. Ménil	701	700	700
4. Quartier de cavalerie....	532	532	612
Total.............	2,197	2,559	2,155

Vu :

DE KNOBELSDORF,
Colonel Commandant.

Sedan, le 14 septembre 1870.

Le Maire,
A. PHILIPPOTEAUX.

Enlèvement des armes.

Le Maire de la ville de Sedan

A l'honneur de communiquer à Messieurs les Maires des Communes voisines, l'Ordre suivant de la Commandatur royale prussienne :

Le Maire de la ville de Sedan est invité à faire publier immédiatement dans les communes voisines, que personne ne doit circuler sans but, sur le champ de bataille, ni enlever aucune arme. Les laboureurs et les personnes qui cultivent ou récoltent dans les champs, ont seuls le droit de s'y trouver.

L'enlèvement des armes n'est permis qu'aux hommes préposés à cet effet, sous la conduite de quelqu'un délégué par le Maire de la Commune, et qui sera responsable du maintien de l'ordre.

La livraison des armes doit être faite immédiatement.

Sedan, le 20 septembre 1870.

Le Commandant royal prussien,

RITGEN.

Proclamation du Gouverneur général allemand.

27 septembre 1870.

Nous, Général Gouverneur à Reims,

D'après les ordres de Sa Majesté le Roi de Prusse, Commandant en chef des armées allemandes, avons arrêté et arrêtons les dispositions suivantes, que nous portons à la connaissance du public :

1° La juridiction militaire est établie par la présente. Elle sera appliquée dans toute l'étendue du territoire français occupé par les troupes allemandes, à toute action tendante à compromettre la sécurité de nos troupes, à leur causer des dommages ou à prêter assistance à l'ennemi.

La juridiction militaire sera réputée en vigueur et proclamée pour toute l'étendue d'un arrondissement, aussitôt que cette publication sera affichée dans une des localités qui en font partie.

2° Toutes les personnes qui ne font pas partie de l'armée française et n'établiront pas leur qualité de soldat par des signes extérieurs, et qui

a. serviront l'ennemi en qualité d'espion ;

b. égareront les troupes allemandes quand elles seront chargées de leur servir de guides ;

c. tueront, blesseront ou pilleront des personnes appartenant aux troupes allemandes ou faisant partie de leur suite ;

d. détruiront des ponts ou des canaux, endommageront les lignes télégraphiques ou les chemins de fer, rendront les routes impraticables, incendieront des munitions, des provisions de guerre, ou des quartiers de troupes ;

e. prendront les armes contre les troupes allemandes ;
Seront punis de la peine de mort.

Dans chaque cas, l'officier ordonnant la procédure, instituera un conseil de guerre chargé d'instruire l'affaire et de prononcer le jugement. Les conseils de guerre ne pourront condamner à une autre peine *qu'à la peine de mort. Leurs jugements seront exécutés immédiatement.*

Le Gouverneur Général,
FRÉDÉRIC-FRANÇOIS,
Grand-Duc de Mecklembourg-Schwérin,
Commandant le 13me corps d'armée.

Organisation de l'administration allemande.

Sedan, le 27 septembre 1870.

Monsieur le Maire,

Les services administratifs vont être réorganisés dans l'arrondissement de Sedan, par mes soins.

Je vous invite donc à reprendre dès à présent vos fonctions, à les remplir comme par le passé, et à apporter tous vos soins à l'administration de votre commune.

J'ai désigné pour remplir provisoirement les fonctions de Commissaire civil, chargé de l'administration de l'arrondissement, M. le Capitaine Von Strenge.

En ce qui concerne les réquisitions qui seront dès maintenant fort peu nombreuses, et qui consisteront principalement en foin et voitures, vous recevrez vous-même ou un de vos délégués, les bons qui vous seront présentés par les militaires chargés de ces réquisitions ; vous ferez de la manière la plus équitable, la répartition des choses requises, de façon à ce que les charges ne pèsent sur les habitants qu'en raison de leur position de fortune. Vous conserverez avec soin les bons des réquisitions qui, le moment venu, devront être présentés à l'administration qui sera ultérieurement chargée de faire le règlement des fournitures faites par les habitants.

Vous voudrez bien m'informer à la fin de chaque semaine, des réquisitions qui auront été faites dans votre commune, afin que je puisse m'assurer qu'elles ont été ordonnées légalement.

Un certain nombre de voitures attelées nous étant encore nécessaires pour les transports militaires, vous voudrez bien requérir les cultivateurs de votre commune, de tenir prêtes, en cas de besoin, quelques voitures pour être dirigées sur les lieux qui seront indiqués.

Je vous invite aussi à engager ceux des habitants de votre commune qui avaient l'habitude de se rendre aux marchés de Sedan, à le faire comme précédemment. Vous pouvez leur donner l'assurance qu'ils n'ont absolument rien à craindre ni pour eux ni pour leurs marchandises. Pour éviter tout désagrément, vous délivrerez à chacun un certificat constatant son identité, sa profession, et indiquant que les marchandises qu'il transporte sont destinées à être vendues sur le marché de la ville.

Agréez, Monsieur le Maire, l'assurance de ma considération distinguée.

Le Commandant de la place de Sedan,
RITGEN.

Impôt allemand d'un million.

PRÉFECTURE DE RETHEL

Sa Majesté le Roi de Prusse, Commandant en chef des troupes allemandes, a décidé qu'une contribution *d'un million de francs* soit levée sur tout département français occupé par les dites troupes, et que cette contribution soit affectée à compenser, dans une certaine mesure, les pertes que la propriété allemande a subies par les vaisseaux de guerre français, et par l'expulsion des allemands de la France.

Me conformant à cet ordre de mon auguste Maître, j'impose, par le présent décret, une contribution d'un million de francs au département des Ardennes, et je décide que les sommes afférentes aux différentes communes soient versées dans un délai de huit jours à la caisse de la Préfecture à Rethel ou à celle de la Sous-Préfecture à Sedan.

J'espère que les communes du département des Ardennes se soumettront au présent décret, dont la stricte exécution serait au besoin assurée par la force militaire.

La somme incombant à la commune de Sedan, est fixée à quarante-deux mille francs; ci............ 42,000 francs.

Rethel, le 11 octobre 1870.

Le Préfet,
Von KATTE.

Réquisitions du 4 Novembre 1870.

322 kilos de houille.

2 pièces de vin de 228 litres.

12 litres de lait, 6 kilos de beurre, 400 œufs.

2 sacs de pommes de terre.

50 bouteilles d'eau de seltz.

60 kilos de sucre.

Un cordonnier avec les ustensiles.

Tout cela pour l'hôpital militaire.

Une peau de cuir à empeignes, une peau de cuir à semelles.

Pétrole pour l'éclairage du bureau et des chambres des sous-officiers du bataillon Brühl.

Un bandage.

Bougies, 5 kilos.

Articles de pharmacie.

10 faguettes, 5 fagots à l'ambulance du Collège.

Une paire de bottes très fortes.

Nourriture pour 2 hommes pendant un jour.

A dîner pour 3 sergents.

4 ouvriers avec brouettes, 12 maçons, 6 charpentiers, 4 puisatiers, 4 menuisiers.

6 voitures à bras, un ramoneur pour la citadelle.

30 mètres de toile commune de un mètre de largeur.

44 tisoniers, 44 tonneaux pour la houille.

18 feuilles d'ouate, 12 mètres de flanelle.

Un dîner, un café, un déjeuner, un dîner.

Une portion à manger pour un prisonnier civil.

Interdiction du « Courrier des Ardennes. »

2 décembre 1870.

Monsieur le Maire,

La contenance *(sic)* hostile et haineuse, soufferte depuis longtemps déjà, des deux journaux paraissant à Charleville et à Mézières, et distribués dans cet arrondissement, le *Courrier des Ardennes* et le *Progrès des Ardennes,* a tellement dégénéré en ces derniers temps, que je me vois forcé de défendre leur distribution aux habitants des pays occupés, afin que les nouvelles mensongères et injurieuses de toutes sortes contenues dans ces feuilles n'entraînent pas à une irritation, qui pourrait avoir des suites fâcheuses pour les communes mêmes.

En conséquence, je vous prie, M. le Maire, de faire saisir de suite tous les exemplaires de ces deux feuilles qui paraissent ici, qu'ils soient destinés pour la ville ou pour les environs, et de me les faire remettre ; en même temps de faire savoir au public que toute personne, entre les mains ou dans l'habitation de laquelle on trouvera un exemplaire des dites feuilles, aura à payer une amende de 20 à 200 francs, ou sera punie de la prison en proportion, et que quiconque introduira ou distribuera ces feuilles sera puni, conformément aux lois, des peines qui sont établies contre l'introduction, la distribution (et propagation) des feuilles étrangères non autorisées par le Gouvernement.

Veuillez munir des instructions nécessaires M. le Commissaire de police et ses agents et me faire parvenir une copie de l'avis à afficher. Je serais au regret de vous rendre personnellement responsable de la plus stricte exécution de ces mesures.

Avec une considération distinguée,

Votre dévoué,

De Strenge, Sous-Préfet.

Exécution de Kutznery.

12 décembre 1870.

Le surveillant Emile Kutznery, demeurant à Sedan, a été fusillé ce matin, conformément à un jugement d'un conseil de guerre, parce qu'il a entrepris de séduire un soldat prussien pour le déterminer à livrer des armes entre les mains de l'ennemi.

La Commandantur.

Pertes de guerre à Sedan.

Sedan, le 21 décembre 1870.

Monsieur le Sous-Préfet,

La ville de Sedan se trouve dans une situation particulièrement douloureuse et digne d'intérêt.

A la veille du 1er septembre, elle a vu arriver tout à coup dans ses murs une armée française épuisée et affamée, dont le séjour a commencé l'épuisement de la ville.

Après la bataille, la ville s'est trouvée menacée de la famine et de la peste, et pendant longtemps couverte d'ambulances établies dans tous les bâtiments publics et dans la plupart des maisons particulières.

En même temps, l'occupation étrangère par une garnison souvent nombreuse, — le séjour des militaires chez les habitants, — le passage de troupes, — les réquisitions pour approvisionnements, — les réquisitions pour fournitures quotidiennes de toute nature, — les réparations et l'entretien des bâtiments militaires, — les literies et fournitures de toutes sortes dans les casernes, — le service journalier des chevaux et des voitures, — la première contribution de guerre, — les dépenses générales imposées à la ville seule pour la fortification, pour le chemin de fer, pour le pont de Villette, pour les hôpitaux militaires, etc., etc., toutes ces charges ont créé pour la ville de Sedan des dépenses et des dettes, dont l'ensemble atteint à ce jour au moins *un million et demi de francs.*

Et à ces dépenses, dont l'état a été remis le 10 de ce mois à M. le Sous-Préfet de Strenge, et qui proviennent des réquisitions de l'armée prussienne, il faut ajouter les pertes résultant de la bataille et des faits de la guerre, accomplis sur le territoire même de la ville, tels qu'incendies, destruction de propriétés mobilières et immobilières, dévastation de toute sorte s'élevant à une somme à peu près égale.

Voilà donc **trois millions de francs !**

A quoi il faut ajouter encore, pour un chiffre de *deux millions* au moins, les pertes de marchandises, matières en fabrication, outillages, dépôts, créances et valeurs de toute nature qui appartenaient à des habitants de la ville et qui se trouvaient dans les villages voisins détruits ou dévastés par la guerre.

Ce chiffre total de *cinq millions* qui frappe une ville de 13,000 habitants, dont beaucoup l'ont déjà abandonnée, dont la plupart sont de simples ouvriers qui se trouvent aujourd'hui sans travail et sans ressources par l'anéantissement presque complet du commerce et de l'industrie locale, ouvriers dont la ville est chaque jour obligée de nourrir un grand nombre, — ces désastres et cette affreuse misère qui nous entourent, cette situation cruellement exceptionnelle de la ville de Sedan, détermineront, nous l'espérons du moins, l'autorité supérieure prussienne, à ne pas exiger ici la perception des contributions mensuelles imposées par les ordonnances de Reims du 22 octobre et 10 décembre 1870.

C'est la demande instante que lui adressent à l'unanimité les Membres du Conseil municipal et qu'ils prient M. le Sous-Préfet de Strenge de vouloir bien appuyer auprès de qui de droit.

Les Membres du Conseil municipal,

A. PHILIPPOTEAUX, Edmond GOLLNISCH, MARTINOT, CUNIN-GRIDAINE, Ch. MALINET, E. DE MONTA-GNAC, Ch. LETELLIER, MORIN-MAISSIN, Ch. BER-TÈCHE, L. TALOT, H. VESSERON, L. BUART, BENOIT, JACQUEMIN-MICHEL, A. ROBERT, Ernest NINNIN, J.-B. HULOT, L. AMOUR, Isaac VILLAIN, MAZUEL, J. VARINET, BERTHE-WÉRY, PARENT-MARY, GUILLAUMET, WILLÈME-LAMBERT.

Otages pour accompagner les trains.

23 janvier 1871.

La mairie est priée de faire envoyer par l'autorité magistrale deux notables demain matin, à 6 heures, à la gare, comme accompagnement d'un train. A dater d'aujourd'hui, tous les trains partants devront être accompagnés par deux notables de la ville. Les heures de départ seront ultérieurement indiquées.

LA COMMANDANTUR.

Réquisition d'ôtage.

Sedan, 25 janvier 1871.

Monsieur Gollnisch fils Edmond

est requis de se rendre	wird ersucht
demain le *26 janvier* à	den *26*
dix heures du {matin {soir	um *10* uhr {vormittags {nachmittags

à la gare de Sedan	auf dem Bahnhope Sedan,
pour accompagner un train de Sedan à *Mohon*.	einzupinden, um einen zug von Sedan nach *Mohon* zu begleiten
La présente servira comme passe-port et doit être remise à M. le chef de gare.	Dieses Schreiben dient als Pass und ist dem Herrn Bahnhofsvorsteher vorzuzeigen.
Les chefs de gare sont invités de réexpédier le présenteur par le premier train.	Die Bahnhopvorstaende werden gebeten obige Person mit naechstem zug zurueckzubepoerdern.
La Commandantur prussienne.	Kœniglich Preussische Commandantur.

Probabilité d'explosion des mines du Château.

Avis de la Commandantur.

Le Maire de la ville de Sedan a l'honneur de porter à la connaissance des habitants la lettre suivante qu'il vient de recevoir de la Commandantur prussienne.

18 février 1871.   A la Mairie de Sedan.

La Commandantur prussienne s'attend d'un moment à l'autre à recevoir l'ordre de faire sauter une partie des fortifications. Bien qu'il ne paraisse pas probable que les explosions des mines soient d'un effet nuisible à la ville en ce qui concerne les forts de l'Asfeld, des Capucins et du Fer-à-Cheval, il se pourrait que, des parties de la citadelle qui sont dans le roc, des pierres isolées ou des morceaux de bois vinssent à tomber dans les rues voisines. On ne saurait non plus assurer que les commotions résultant du fort chargement des mines, n'amèneront pas la chute de quelques ardoises et ne causeront aucun préjudice aux constructions vieilles et peu solides ;

En conséquence, la Commandantur charge la Mairie du soin de prévenir les habitants,

1º Que pendant les explosions qui auront lieu aussitôt que deux coups de canon auront été tirés, d'un côté au fort d'Asfeld, et de l'autre à la Corne, située devant la Citadelle, ils ne devront pas circuler dans les rues les plus proches des fortifications, depuis la rue de Bayle jusqu'à la porte de la Cassine ;

2º Les habitants des maisons voisines, et dont l'état de vétusté ferait craindre pour leur solidité, feront bien de les évacuer pendant le temps que dureront les explosions. Il en est de même pour les habitants des maisons qui, à l'extérieur de la Ville, et depuis le Fond-de-Givonne jusqu'à Cazal, sont les plus rapprochées des fortifications. Celles qui sont en bon état, solides et éloignées de 300 mètres et davantage, ne sont exposées à aucun risque immédiat.

3º Les habitants des maisons du dehors qui sont situées devant les ouvrages que l'on doit faire sauter, ne devront pas circuler pendant les explosions dans un rayon d'au moins huit cent pas.

4º Il serait bon d'évacuer les malades dès aujourd'hui ou au plus tard demain de très bonne heure.

5º On recommande l'ouverture des fenêtres pour éviter la fracture des vitres.

6º Pendant les explosions, les portes de Bouillon et de Floing seront fermées.

7º Toutes les explosions n'auront lieu que dans les ouvrages des fortifications qui donnent sur les terrains libres.

8º Pendant la durée des explosions, il y aura sur le Fer-à-Cheval un drapeau rouge qui sera remplacé par un drapeau blanc, aussitôt les opérations terminées.

9º La Municipalité mettra aux portes de la Ville, qui resteront ouvertes, des agents pour avertir les habitants des environs qui viendraient en ville, de ne pas s'approcher des fortifications.

10º Le tambour annoncera aux habitants le commencement et la fin des opérations.

Le Commandant royal prussien,
RITGEN.

En conséquence de la présente communication, la circulation sera interdite dans toute la Ville pendant la durée des opérations.

Sedan, le 18 février 1871.

Pour le Maire absent,

Edmond GOLLNISCH.

La Commune de Paris. — Proclamation de l'Assemblée nationale.

Versailles, 21 mars 1871, 2 heures 30 du soir.

Le Président du Conseil des Ministres, chef du Pouvoir exécutif de la République française, à MM. les Préfets et Sous-Préfets.

L'Assemblée nationale vient d'adopter la proclamation suivante qui sera affichée dans toutes les communes de France :

L'Assemblée nationale au Peuple et à l'Armée,

Citoyens et soldats,

Le plus grand attentat qui se puisse commettre chez un peuple qui veut être libre, une révolte ouverte contre la souveraineté nationale, ajoute en ce moment comme un nouveau désastre à tous les maux de la patrie. Des criminels, des insensés, au lendemain de nos revers, quand l'étranger s'éloignait à peine de nos champs ravagés, n'ont pas craint de porter, dans ce Paris qu'ils prétendent honorer et défendre, plus que le désordre et la ruine : le déshonneur. Ils l'ont taché d'un sang qui soulève contre eux la conscience humaine, en même temps qu'il leur interdit de prononcer ce noble mot de République qui n'a de sens qu'avec l'inviolable respect du droit et de la liberté. Déjà, nous le savons, la France entière repousse avec indignation cette entreprise odieuse. Ne craignez pas de nous ces faiblesses morales qui aggravent le mal en pactisant avec les coupables. Nous vous conserverons intact le dépôt que vous nous avez commis pour sauver, organiser et constituer le pays, ce grand et tutélaire principe de la souveraineté nationale, que nous tenons de vos libres suffrages, les plus dignes qui furent jamais.

Nous sommes vos représentants et vos seuls mandataires. C'est par nous, c'est en votre nom que la moindre parcelle de notre sol doit être gouvernée, à plus forte raison, cette cité héroïque, cœur de notre France, qui n'est pas faite pour se laisser longtemps surprendre par une minorité factieuse.

Citoyens et soldats, il s'agit du premier de vos droits, c'est à vous de le maintenir. Pour faire appel à vos courages, pour réclamer de vous une énergique assistance, vos représentants sont unanimes. Tous à l'envi, sans dissidence, nous vous adjurons de vous serrer étroitement autour de cette Assemblée, votre œuvre, votre image, votre espoir, votre unique salut.

Pour copie :
Le Président du Conseil, Chef du pouvoir exécutif de la République,
A. THIERS.

Pour copie conforme :
Le Directeur des transmissions,
BRUNET.

Le champ de bataille de Sedan. — Rapport du docteur Guillery au Comité de Bruxelles pour l'assainissement du champ de bataille.

Bruxelles, le 21 mars 1871.

Messieurs et chers collègues,

Me conformant à votre désir, je me suis rendu à Sedan, où je suis arrivé le 16 courant, vers midi.

Ce jour-là, il faisait froid et humide, la neige tombait à gros flocons. Je dus à cette circonstance de rencontrer immédiatement à l'hôtel de l'Europe, où je suis descendu, mes compatriotes, MM. Lante, Créteur et Wauthier ; ils avaient renoncé à se rendre sur le terrain par un temps aussi peu favorable.

Je me mis immédiatement en relations avec eux, je leur exposai le but de mon voyage, je leur demandai quelques explications relativement à leurs travaux, et nous convînmes de nous rendre ensemble au champ de bataille dès le lendemain matin.

Je me rendis alors chez M. Malinet, membre de l'administration municipale, auprès de qui j'avais une lettre d'introduction. M. Malinet n'était pas chez lui ; mais il vint me trouver à l'hôtel dans la soirée et me prévint que deux délégués de l'administration nous attendraient, mes compatriotes et moi, le lendemain, vers neuf heures et demie du matin, à l'Hôtel de Ville.

C'est par cette entrevue que commença notre journée du 17. Les deux représentants de l'autorité municipale étaient M. Gollnisch, premier adjoint du maire de Sedan, et M. Martinot. Après quelques mots d'explication, il fut convenu en principe que la ville de Sedan, tout obérée qu'elle est, concourrait à la dépense exigée par les travaux de désinfection, et, nous donnant le temps de la réflexion, nous remîmes au lendemain la détermination de ce concours.

Pour nous rendre au champ de bataille, nous sortons de la ville, non loin de l'entrée de la Meuse, et nous arrivons dans une vaste plaine qui fait partie du village de Balan. Pour entrer dans la prairie, nous suivons un chemin au bord duquel nous sommes étonnés de rencontrer des sépultures marquées par de petites croix en bois ; sur ces croix sont inscrits des noms français ; je me rappelle ceux de Dupuis, Petit, Moreau, Gaillard. Nous appelons à nous des habitants du village ; ils nous apprennent que ces braves ne sont pas morts le jour même de la bataille, mais bien quelques jours après, dans une ambulance du voisinage. Leur inhumation a été faite avec soin et à une profondeur que l'un d'eux compare au manche de la bêche qu'il tient à la main. Et, en effet, nous nous procurons un bâton pointu, nous l'enfonçons dans le sol, et nous constatons que rien ne l'arrête.

Nous demandons si d'autres inhumations n'ont pas été faites dans les environs, précipitamment, le jour même du combat. On nous répond affirmativement, on nous conduit dans la prairie, au bord d'un fossé, et on nous dit :

« Ici se trouve le corps d'un Allemand, il n'est recouvert que d'une couche légère de gazon. » Et effectivement, en écartant la neige, on voit clairement que du gazon a été enlevé de chaque côté du fossé ; mais cela ne me suffit pas, je veux voir au moins une partie du cadavre ; un piocheur se mit à l'œuvre : chaque pelletée de terre argileuse, compacte, fait un vide qui se remplit d'eau, cette eau est écartée avec difficulté ; mais bientôt nous découvrons à 30 ou 35 centimètres de profondeur un pied chaussé d'une botte dont la semelle porte de gros clous. J'en ai assez vu.

Les habitants du village nous disent qu'il y a dans les environs beaucoup d'inhumations semblables à celle-ci : ils en indiquent dans un potager et dans plusieurs jardins appartenant à des maisons de campagne.

Nous nous remettons en route, nous traversons Bazeilles et Rubécourt, remarquant de chaque côté de la route des élévations légères surmontées d'une petite croix : ce sont des sépultures dont il faudra vérifier la profondeur. Nous arrivons à La Moncelle : c'est ici que nos compatriotes opèrent ; mais pendant qu'une opération se prépare au centre du village, nous nous rendons avec le maire et un ouvrier au bord d'un champ élevé. A proximité d'une haie se trouve un petit tumulus. Des débris de carton en forme de sous-tasse nous font croire qu'une batterie d'artillerie a été placée en ce lieu. Le maire et son ouvrier enlèvent du tumulus une couche de terre profonde à peine de 10 à 12 centimètres, et mettent au jour le cadavre d'un officier allemand.

L'inhumation, quoique précipitée, n'a pas été faite sans un certain soin respectueux : la tête est plus élevée que le reste du corps ; la face est recouverte par la casquette ; les cheveux et les vêtements sont encore intacts ; les traits de la face sont décomposés et méconnaissables. Le cadavre ne répand pas d'odeur appréciable. Il est vrai que le sol recouvert de neige n'absorbe pas encore les rayons de soleil qui échauffent l'atmosphère.

Un peu plus loin, une petite élévation nous indique l'enfouissement d'un cheval. Il suffit d'enlever la neige pour apercevoir le thorax de l'animal, deux côtes sont mises à nu, la cavité plurale est ouverte, le moindre coup de pioche entame la peau et la chair. Ici l'odeur est infecte.

Le maire nous raconte que ce cadavre est déjà depuis quelques jours la proie des corbeaux : le chien d'un habitant du village serait mort pour en avoir mangé. A quelques pas de là, un second cadavre de cheval est enfoui comme le premier. Nous le découvrons avec la même facilité. Nous abandonnons ce champ élevé pour regagner le centre du village. Après avoir décrit une courbe à grand rayon, nous traversons une couche d'air que le vent du nord amène du premier cheval jusqu'à nous : l'odeur est insupportable.

Revenus au centre du village, dans une pépinière, à proximité d'un cours d'eau, nous apercevons trois cadavres humains encore couverts de leurs vêtements.

On vient de les déblayer : ils n'étaient enterrés qu'à quelques centimètres au-dessous du sol. On dirait trois corps déposés dans un bassin large et peu profond. Deux ouvriers versent dans le bassin environ deux tonneaux de goudron ; sur le goudron ils jettent du chlorure de chaux. En présence du goudron, le chlore se dégage et protège la santé des assistants. Le goudron est rendu plus combustible par l'addition d'une certaine quantité d'huile de pétrole. Quelques fagots de paille et de bois sont ajoutés au mélange. On y met le feu, et bientôt s'élève une colonne immense de fumée noire et de vapeur d'eau. Dans le bassin, l'incandescence est des plus vives ; rien ne résiste à une telle coction. De temps en temps une détonation se fait entendre. MM. Lante et Créteur l'attribuent à ce que les gibernes de ces victimes de la guerre contiennent encore des cartouches.

Après deux heures de cette combustion ardente, hâtée encore par les ouvriers qui, armés de pelles, remuent le goudron enflammé, il ne reste plus que les ossements recouverts d'une couche épaisse de résine concrète. Ces restes sont encore recouverts de chaux, la chaux est recouverte de terre amoncelée formant un tumulus dont la surface est destinée à être ensemencée de chanvre ou d'avoine.

Pendant l'opération, un homme du village vient se placer à côté de nous ; il est remarquablement pâle et amaigri. — Etes-vous malade ? lui dis-je. — Oui, je suis atteint de fièvres périodiques. Condition désastreuse devant des miasmes délétères !

Nos compatriotes ont déjà opéré dans des fosses contenant plus de cent cadavres superposés ; ils ont obtenu un affaissement de la surface supérieure de 1 mètre 50 centimètres.

Le procédé qu'ils emploient a été adopté à l'unanimité par le conseil d'hygiène et de salubrité de l'arrondissement de Sedan.

L'expérience me parut décisive. Le danger existe ; mais il est conjuré par un procédé efficace et certain. Nous rentrons en ville pour en sortir encore par un côté opposé. En traversant les fossés des fortifications, nous apercevons des tumulus nombreux : là ont été enfouis des bœufs destinés au ravitaillement de l'armée envahissante, et morts de la peste bovine. Ces enfouissements sont-ils bien faits ? Il serait prudent de le vérifier.

Nous arrivons au bord de la Meuse, dans une vaste plaine située en face du château de Bellevue. On nous raconte que des chevaux y ont été immolés par centaines et qu'ils ont été enfouis au bord du fleuve en un lieu qu'on nous indique avec précision ; nous y trouvons des parties de neige convertie en glace par une semi-fusion. Cette neige condensée est jaunâtre et contient bon nombre de bulles de gaz ; j'en prends un morceau dans la main, je l'y fais fondre, et je constate une odeur qui est bien celle de la décomposition cadavérique.

M. Créteur a déjà étudié cette question des bords de la Meuse : il a son plan ; mais le premier coup de pioche n'est pas encore donné.

Des cadavres d'hommes ont-ils été jetés dans la Meuse ? On me répond : Oui. — Et à cette objection que la décomposition doit les avoir ballonnés et ramenés à la surface de l'eau, on me répond : Le fait était prévu, et les cadavres jetés à l'eau ont été éventrés. Le champ de bataille de Sedan est-il le seul qui puisse menacer notre pays ? On me répond : Non. Celui de Beaumont le menace tout autant.

Le 18, à neuf heures et demie du matin, nous nous rendons à l'Hôtel de Ville et nous recevons la promesse que MM. Gollnisch et Martinot proposeront au Conseil municipal d'accorder à l'œuvre de la désinfection : 1° douze journées d'ouvriers à 3 fr., soit 36 fr. par jour, pendant deux mois ; 2° tout le goudron nécessaire aux opérations ; 3° tous les transports gratuits sur le territoire de la ville.

Nos compatriotes désirent pouvoir employer à leurs travaux une douzaine de bons terrassiers flamands. Les représentants de la Municipalité n'y voient pas d'inconvénients, cependant ils désirent l'emploi de quelques ouvriers français.

Je crois pouvoir conclure de ce qui précède :

Qu'il y a péril et urgence d'agir ; qu'il y a un commencement d'exécution sur le champ de bataille de Sedan ; qu'il y a intention d'aborder la question de la Meuse, mais que le champ de bataille de Beaumont n'a pas même été exploré.

GUILLERY.

Adresse du Conseil municipal au Chef du Pouvoir exécutif.

23 mars 1871.

A Monsieur le Président du Conseil des Ministres, chef du Pouvoir exécutif de la République :

Le Conseil municipal de Sedan ne reconnaît d'autre Gouvernement que celui issu du Suffrage universel librement exprimé.

Il proteste avec la plus patriotique indignation contre l'odieux attentat que des factieux ont osé commettre contre la Souveraineté de la Nation.

La France veut l'Ordre et la Liberté sous la Loi.

Elle en a besoin pour guérir ses blessures, et marcher dans sa force et sa dignité vers des destinées meilleures.

Elle attend du seul Gouvernement légal les garanties indispensables à la confiance et au travail.

Elle ne veut pas subir le joug criminel et déshonorant des factions.

Elle compte sur l'exécution sévère des Lois, sans lesquelles la Société se débat et meurt dans l'anarchie.

Le Conseil municipal de Sedan, convaincu que le Gouvernement de la République, soutenu par tous les bons citoyens, ne faillira pas à sa tâche patriotique, lui donne l'assurance d'une adhésion et d'un concours absolu pour faire respecter la Loi, l'Ordre et la Liberté !

Ont signé : MM. Edmond GOLLNISCH, MARTINOT, Charles CUNIN-GRIDAINE, MALINET, DE MONTAGNAC, LETELLIER, MORIN-MAISSIN, Charles BERTÈCHE, TALOT, H. VESSERON, BUART, BENOIT aîné, JACQUEMIN-MICHEL, Auguste ROBERT, E. NINNIN, HULOT, Louis AMOUR, Isaac VILLAIN, MAZUEL, Jules VARINET, BERTHE-WÉRY, GUILLAUMET, WUILLÈME-LAMBERT.

Pour extrait conforme et pour le Maire absent,

Edmond GOLLNISCH, 1er Adjoint.

M. Edmond Gollnisch, Sous-Préfet de Sedan.

PRÉFECTURE DES ARDENNES

Mézières, le 6 avril 1871.

Le Préfet des Ardennes,
Vu les instructions du Gouvernement ;
Attendu l'urgence ;
    Arrête :

Article 1er.

M. Gollnisch, premier adjoint au maire de Sedan, est chargé provisoirement des fonctions de sous-préfet de l'arrondissement.

Article 2.

Le présent arrêté sera adressé au titulaire, ainsi qu'à M. le Commissaire civil allemand et à M. le Procureur de la République près le Tribunal de Sedan.

Fait à Mézières, les jour et an ci-dessus.

Le Préfet intérimaire des Ardennes,
Signé : TIRMAN.

SOUS-PRÉFECTURE DE SEDAN. — CABINET

Sedan, le 16 avril 1871.

Monsieur le Maire,

Une dépêche télégraphique que je reçois à l'instant de M. le Ministre de l'Intérieur, m'informe que la loi municipale vient d'être votée et qu'elle sera promulguée aujourd'hui.

Les élections municipales auront lieu dans le plus bref délai, probablement le 30 avril.

D'après la loi nouvelle, tout électeur doit être domicilié depuis un an dans la commune. Les listes sont à réviser dans ce sens. Celles de 1870 seront la base de ce travail, qu'il faut préparer de suite.

Je vous invite en conséquence, M. le Maire, à prendre des

dispositions immédiates, pour qu'il soit procédé sans le moindre retard à la révision des listes. Celles qui se trouveraient détruites ou égarées par suite des événements, devront être refaites en entier.

Apportez, je vous prie, le plus grand soin à l'exécution de ce travail, qui devra être terminé à la fin de cette semaine au plus tard.

Vous voudrez bien aussitôt que la révision sera complète m'en donner immédiatement avis.

Je profite de cette circonstance pour vous faire connaître que le Gouvernement, très soucieux des intérêts des populations, et désireux surtout de tenir compte autant que possible, des vœux de l'opinion publique, vient de décider la publication d'une feuille officielle destinée à chacune des communes de France.

L'envoi de cette feuille sera fait à partir de demain lundi.

Recevez, Monsieur le Maire, l'assurance de ma considération très distinguée.

Le Sous-Préfet provisoire,
Edmond GOLLNISCH.

PRÉFECTURE DES ARDENNES. — CABINET

Mézières, le 22 avril 1871.

Mon cher Monsieur,

Je viens d'apprendre par une dépêche télégraphique que M. Brun était installé dans les fonctions de sous-préfet de Sedan, auxquelles il a été récemment appelé.

Au moment où se termine votre intérim, je tiens à vous exprimer tous mes remerciments du concours intelligent et désintéressé que vous avez bien voulu me prêter depuis la réorganisation de l'administration française.

Je n'oublierai pas les services que vous avez rendus dans les temps difficiles que nous venons de traverser, et je suis convaincu que l'arrondissement de Sedan tout entier regrettera son administrateur provisoire.

En faisant mes adieux au Sous-Préfet, j'ai du moins la consolation de penser que je vais retrouver votre collaboration comme maire et que votre expérience et votre dévouement seront encore au service du pays.

Veuillez agréer, cher Monsieur, l'expression de mes sentiments les plus affectueux.

TIRMAN.

Disparition ou meurtre d'un soldat allemand.

1° Dans la nuit du 9 au 10 avril, à 1 heure 1/2 de la nuit, a disparu sur le chemin du café Barré jusqu'à sa demeure, place d'Harcourt, le canonnier Von Bauer, occupé comme secrétaire à la Commandantur, d'une taille de cinq pieds dix pouces, élancé, teint coloré, cheveux bruns, sans barbe, vêtu d'un uniforme bleu avec parements noirs, de grandes bottes, portant un sabre-chassepot et appartenant au 10me régiment d'artillerie de forteresse.

Il n'y a pas lieu de supposer la désertion.

Celui qui donnera des renseignements sur le séjour de Von Bauer ou de son cadavre, aura une récompense proportionnelle.

2° Il s'est présenté le cas regrettable que le 10 avril vers 7 heures du soir, sur le chemin du Fond-de-Givonne à Givonne, un soldat a été attaqué par trois civils et qu'il a été blessé de coups de bâtons et de couteaux avant qu'il n'ait réussi à tirer son sabre et à repousser l'attaque.

Celui qui donnera des renseignements sur les délinquants aura une récompense convenable.

3° Le public est invité à s'abstenir de toute provocation en rencontrant des soldats allemands, vu que ces derniers ont ordre de faire usage de leurs armes dès qu'ils sont menacés de danger.

Les postes et les patrouilles ont également ordre de faire feu aussitôt que la personne à laquelle ils crient : halte, ne s'arrête pas.

Pour maintenir le bon accord entre les troupes d'occupation et les habitants, il est à désirer qu'on ne provoque pas l'emploi des mesures sévères mais légales de l'état de siège.

Sedan, le 16 avril 1871.

Commandantur impériale,

RITGEN,

Major et Commandant.

P. S. La Mairie est requise de porter ce qui précède à la connaissance du public par affiches.

VILLE DE SEDAN

Elections municipales.

Proclamation de M. Edmond Gollnisch.

Le 1ᵉʳ Adjoint, en l'absence du Maire, à ses Concitoyens,

Chers Concitoyens,

Vous êtes appelés, dimanche prochain, à élire les 27 membres du Conseil municipal.

La liberté la plus absolue est laissée à l'élection. C'est vous dire que je n'ai l'intention de vous désigner aucune liste ni même une personne de mon choix.

Cependant, je croirais manquer à mes devoirs si, au moment d'un acte aussi important, je ne venais pas vous exprimer mes pensées.

Les dernières élections ont eu lieu le 6 août dernier. Ce jour, de douloureuse mémoire pour un cœur français, a été le présage des désastres qui attendaient notre Cité.

Dès ce moment, nos préoccupations et nos charges commençaient, mais le fardeau était léger, nous écoutions la voix de la France, notre cœur battait encore d'espoir et tous à l'envi nous payions notre dette à la Patrie.

Le 1er septembre arrive.... journée de douleurs et d'humilia-
tions... Pour vous, chers Concitoyens, journée de dévouement
et d'abnégation. Les uns sont sur les remparts, les autres, à
l'intérieur, pourvoient aux douloureuses nécessités de chaque
minute. Avec votre concours et grâce aux sentiments patrioti-
ques et de charité chrétienne qui distinguent notre population,
plus de 7,000 blessés ont reçu asile et des soins touchants dans
nos maisons ; plus de 80,000 soldats, enfermés dans nos murs,
ont trouvé une généreuse hospitalité au milieu de vous, tandis
qu'une armée ennemie de près de 250,000 hommes étreignait
notre enceinte.

Merci à tous, mille fois merci !... La Ville, par une sage
répartition de vos ressources, a échappé à la famine dont elle
était menacée. Vos soins intelligents et actifs l'ont sauvée de
l'épidémie.

C'est un besoin de mon cœur en même temps qu'un privilège
de ma position de signaler à l'histoire ces actes de dévouement.
Il faut que l'on sache et que les générations futures apprennent
que, si Sedan a été livré, chaque Sedanais a fait noblement
son devoir et s'est montré le digne fils de notre belle France.

A cette époque néfaste, l'occupation commence avec son
menaçant cortège de réquisitions. Combien nous avons déploré
vos charges, combien il nous a répugné souvent de sacrifier
nos penchants et vos douleurs à la force ; quels efforts le
Conseil municipal n'a-t-il pas fait pour alléger vos sacrifices ?
Les annales de nos délibérations le diront un jour. Vous com-
prendrez la réserve que nous imposent les circonstances ; mais
dès que le moment sera venu, le jour se fera et vous apprécie-
rez nos actes et nos luttes.

Au milieu de ces douloureuses circonstances, nos rêves se
sont évanouis. Nous allions fonder des Écoles, ouvrir des
quartiers d'habitation, donner de vastes terrains à l'industrie.
Hélas ! nos ressources sont anéanties....

Mais, si la force tombe, le droit est éternel. Nous vivons ! Et

4

la vie, c'est l'activité qui cicatrise et qui répare ; c'est l'intelligence qui crée et qui répand partout le travail et l'aisance. A l'œuvre donc ! Arrière les fausses théories, arrière les paroles oiseuses et les vaines promesses ; ce qu'il nous faut c'est le jugement, la pratique des affaires, le dévouement à la chose publique appuyés sur un passé loyal et honoré.

C'est ainsi que nous parviendrons à réparer nos désastres. C'est ainsi qu'avec des administrateurs sages et éclairés, nous relèverons nos finances et nous pourrons bientôt réaliser, pour nos Ecoles et l'agrandissement de la Ville, nos souhaits de vingt années.

Telles sont les pensées que partagent, j'en ai l'assurance, les Membres du Conseil actuel.

Quelles que soient vos inclinations, voilà les garanties que vous devez exiger de vos préférés.

Mon cher collègue et vieil ami, notre digne Maire M. A. Philippoteaux, vous disait le 4 août 1870 :

« La prospérité et le développement moral et matériel d'une ville dépendent, en grande partie, des votes de son Conseil municipal ; de sages conseillers et administrateurs ne s'improvisent pas ; profitez donc de l'expérience acquise et des services déjà rendus par la plupart de ceux que vous aviez précédemment nommés ; et pour combler les vides dans les 27 places que la loi crée pour notre Conseil municipal, méditez mûrement vos choix ; songez bien, chers Concitoyens, que l'honnêteté, l'intelligence et l'expérience dans la vie privée font justement espérer les mêmes qualités dans la vie publique, et n'oubliez pas qu'outre ces garanties d'aptitude et de capacités, il faut encore demander à ceux que vous nommerez la ferme volonté de consacrer à vos affaires publiques une bonne part de leur temps et de se rendre sérieusement et modestement utiles dans ces affaires nombreuses et diverses dont beaucoup peut-être ne soupçonnent ni les ennuis ni les difficultés. »

Si vous écoutez la voix de celui qui, bien qu'absent, veille toujours à vos intérêts avec la même sollicitude, je suis convaincu que le résultat du vote sera pour notre chère Ville le signal d'une nouvelle ère de prospérité.

A l'Hôtel de Ville, le 25 avril 1871.

Edmond GOLLNISCH.

MAIRIE DE SEDAN

Le 1er Adjoint, en l'absence du Maire, à ses Concitoyens,

Le scrutin va s'ouvrir encore.

Vous avez à élire les dix membres qui doivent compléter votre Conseil municipal.

J'ai la confiance que chacun de vous remplira son devoir.

Dans les circonstances douloureuses que nous traversons, l'indifférence est coupable, l'abstention plus coupable encore.

Vous me rendrez, je l'espère, cette justice, que j'ai laissé à l'élection la plus entière liberté. Je resterai fidèle à ce principe.

C'est à vous seuls à apprécier les titres et le mérite des candidats.

Que votre vote soit l'expression fidèle de votre conscience.

Répondre à un mot d'ordre, voter servilement, c'est proclamer l'indignité du suffrage universel.

Que l'élection de dimanche prouve une fois de plus que nous sommes des citoyens libres et que les vrais intérêts de notre ville ont été notre seul guide.

Sedan, le 6 mai 1871.

Le 1er Adjoint,
Edmond GOLLNISCH.

Emprunt de deux milliards.

Le 1ᵉʳ Adjoint, en l'absence du Maire, Député à l'Assemblée nationale, à ses Concitoyens,

La France a été trahie et accablée par le nombre.

Elle a dû subir un traité de paix dont les conditions se résument ainsi :

Trois départements à céder : cinq milliards à payer à l'ennemi pour l'indemniser d'une guerre qu'il a qualifiée lui-même de *glorieuse,* mais *sanglante.*

L'Alsace et une partie de la Lorraine sont livrées ; il faut maintenant payer l'Allemagne et le plus tôt possible.

La Mère-Patrie s'adresse aujourd'hui à tous ses enfants. Elle ne réclame plus leur sang ; Elle ne demande pas leur fortune ; Elle demande leur confiance et l'obole de la rédemption.

Que chacun de nous, sans hésiter, réponde à son appel ! Il s'agit de la rendre libre par la prompte évacuation du territoire.

La ville de Sedan donnera, j'en ai la certitude, un nouvel exemple de son patriotisme et de son dévouement.

C'est au milieu des plus terribles épreuves que doivent grandir les vertus civiques d'un peuple comme le nôtre.

Tous, faisons un effort suprême ! Aidons-nous les uns les autres. Allons vers ceux qui souffrent, bientôt ils viendront à nous !

Mairie de Sedan, le 22 juin 1871.

Edmond GOLLNISCH.

Observations de la Commandantur.

Sedan, le 24 juin 1871.

A M. Gollnisch, premier Adjoint de Sedan,

Monsieur,

J'ai l'honneur de vous faire les observations suivantes par rapport à votre publication touchant un emprunt.

Les expressions suivantes employées dans la publication :
« *L'ennemi* » et « *la France a été trahie et accablée par le
nombre,* » me paraissent propres à irriter les troupes allemandes. Je vous prie donc de dire, au lieu de « *l'ennemi* »
l'adversaire, et de mettre au commencement : *La France a dû
subir.....*

Sans ces changements, je ne puis consentir à cette publication et je devrais vous prier de vous adresser préalablement
au Commandement de la division de Charleville.

Agréez, Monsieur, l'assurance de ma parfaite considération.

Le Commandant,
RITGEN.

_____

Attentat commis à Torcy contre un soldat allemand.

VILLE DE SEDAN

Avis.

A la suite de faits regrettables qui se sont passés à Torcy
dans la nuit de dimanche à lundi, le Maire de Sedan a reçu de
la Commandantur allemande une lettre dont il porte le contenu
à la connaissance du public.

Hôtel de Ville, le 12 octobre 1871.

Pour le Maire empêché,
L'Adjoint,
Edmond GOLLNISCH.

L'honorable Mairie est informée que, par suite de l'attentat
de Torcy, le Général de division ordonne :

1° Que, à dater du 12 courant, tous les cabarets de la ville
de Sedan, soient fermés le soir *à huit heures,* à l'exception de
ceux indiqués dans ma lettre du 9 courant qui ne restent
ouverts que pour les militaires (1) ;

_____

(1) Les locaux qui resteront ouverts après huit heures au seul usage des militaires sont : le *Café de la Comédie,* le *Café des Glaces,* le *Café Turenne,*
le *Café Barré, la Couronne d'Or* et le *Café de la Veuve Fossier.*
(Extrait de la lettre du 9 de ce mois).

2° Que les attroupements de plus de *trois* Français ne doivent pas être tolérés.

Cet ordre doit être affiché publiquement et inséré dans les journaux.

De plus, la Compagnie du régiment N° 107, qui est casernée à Donchery, sera logée, comme punition, dans Torcy, le 13 courant.

De Lindeman,
Colonel et Commandant de la Place.

VILLE DE SEDAN

La Municipalité aux Habitants !

L'attentat commis à Torcy dans la soirée de dimanche dernier sur un militaire allemand, vient d'attirer sur la ville entière, et plus particulièrement sur le faubourg de Torcy, des mesures de rigueur.

La Municipalité ne peut, en face de l'armée d'occupation, résister aux injonctions de la Commandantur, mais elle fait et fera toutes les démarches nécessaires pour que les conséquences d'un fait dont le coupable resté inconnu et peut-être étranger à la ville, pèsent le moins longtemps possible sur des habitants innocents.

En attendant, la Municipalité doit recommander aux habitants la prudence et la résignation ; c'est, quant à présent, la meilleure preuve de patriotisme à donner.

Habitants de Sedan, conservez donc l'attitude calme et digne qui vous a distingués jusqu'à ce jour ; évitez toute occasion de conflit, et gardez-vous de tout fait qui, en attirant des sévérités sur vous-mêmes et sur vos concitoyens, ne peut qu'aggraver les charges et les douleurs de l'occupation étrangère.

Permettez à vos Magistrats municipaux, qui en ont souffert et en souffrent plus qu'aucun d'entre vous, de compter sur votre bon sens et sur votre patriotisme pour suivre leurs conseils.

Fait en l'Hôtel de Ville à Sedan, le 12 octobre 1871.

Le Maire et les Adjoints,

A. Philippoteaux.

E. Gollnisch.

B. Martinot.

Réquisitions subies par la ville de Sedan.

Cuirs	20,220	»
Fournitures de bureau	5,330	»
Chevaux et voitures	58,000	»
Houille et bois	57,400	»
Cordes	2,280	»
Huiles	8,230	»
Tabacs et cigares	45,400	»
Viandes	69,000	»
Cafés	37,540	»
Literie	56,430	»
Nourriture	185,870	»
Lard	13,180	»
Sel	3,630	»
Boulangerie	3,840	»
Fourrages	88,750	»
Ambulances et pharmacie	22,400	»
Toiles et ouates	35,860	»
Transports	17,180	»
Quincaillerie	26,800	»
Travaux divers dans les casernes et fortifications	170,000	»
Épicerie	83,360	»
Vins et eaux-de-vie	105,900	»
Vêtements et draperie	8,700	»
Pont de Villette	29,430	»
Farines	144,670	»
Total	1,300,000	»

Un million trois cent mille francs.

Première réunion de la Société de Tir
1872
Discours de M. Edmond Gollnisch.

Messieurs,

En me trouvant au milieu de vous, après les terribles événements qui se sont accomplis, ma première pensée, vous vous y associerez, j'en suis sûr, est pour ceux de vos camarades qui ne sont plus. Les uns ont succombé glorieusement sur le champ de bataille ou ont trouvé la mort sur le sol étranger, les autres ont rapporté d'une douloureuse et longue captivité les germes de la maladie qui devait les enlever trop tôt à l'affection de leur famille et de la Patrie tout entière. Honneur à eux, Messieurs......

Quant à nous, qui, grâce à Dieu, sommes debout après avoir été les témoins de tant de désastres, il nous reste à remplir un impérieux devoir auquel aucun de nous ne faillira. Plus que jamais nous devons serrer nos rangs et unir nos forces les plus vives pour réparer nos défaites et rendre à la France le rang qui lui appartient ; cependant, pas d'impatiences, ni de folles illusions !

Il a fallu plus de 60 ans à l'Allemagne pour se relever de ses ruines ; Dieu seul a le secret du temps qui nous est nécessaire pour ressaisir à notre tour notre ancienne splendeur.

Envisageons donc avec calme l'avenir qui s'ouvre devant nous ; la lutte qui se prépare, la seule possible, doit être toute pacifique.

Le général Trochu disait il y a quelques jours à l'Assemblée nationale : « La grande revanche que nous avons à prendre « est contre nous-mêmes, l'autre viendra quand nous l'aurons « méritée. »

Mettons-nous résolument à l'œuvre ! Souvenons-nous que notre drapeau, humilié par des revers passagers, a été souillé par des tentatives de décomposition sociale. Unissons-nous tous dans un même sentiment de concorde et d'amour de la Patrie...

Je manquerais à mon devoir, Messieurs, si, dans cette réunion, je vous tenais un autre langage que celui de la froide raison et je me reprocherais de chercher à exalter les sentiments que ce jour fait naturellement revivre en vous.

Toute manifestation serait aussi imprudente qu'impolitique ; mais qui m'en voudra de vous faire partager ce que je ressens moi-même, le calme dans la douleur, la force dans la résolution ?

Que si nos vainqueurs eux-mêmes quittant nos forteresses et nos maisons se présentaient à cette porte, je pourrais leur dire : Rassurez-vous, nous ne sommes pas ici pour causer l'inquiétude, nous ne cherchons pas à nous dégager de l'étreinte qui pèse sur nous. Nous sommes ici pour serrer la main de nos amis, pour rendre honneur au courage.

Salut, donc ! capitaine Stackler. Salut ! lieutenant Ronnet. Salut ! vous tous qui êtes si noblement accourus au premier cri de la Patrie en danger. Laissez-moi vous confondre tous dans un même sentiment d'admiration et de reconnaissance. Vous avez tous dignement rempli votre devoir ; ni la mauvaise fortune, ni les privations, ni les rigueurs d'une saison exceptionnelle n'ont ébranlé votre courage.

Enfants des Ardennes ! les troupes qui ont combattu contre vous savent ce que vous êtes et ce que vous valez. Les familles en deuil d'outre-Rhin se souviennent de Pont-Noyelle, Corbie, Bapaume et Saint-Quentin.

Messieurs,

Je porte un toast au capitaine Stackler. A vous, qui l'avez vu sur le champ de bataille, se faisant tour à tour officier et soldat, je n'ai rien à apprendre. A ceux qui n'ont pas combattu sous ses ordres, je dirai : c'est un brave officier, il a bien mérité de la Patrie.

Mon cher Capitaine, une nouvelle épreuve vous était réservée. Le sort des batailles a ravi à la France votre ville natale. Mais, rassurez-vous, déjà la ville de Sedan est fière de vous avoir adopté. L'affection de ses enfants diminuera vos regrets et allègera vos douleurs.

Je porte un toast au lieutenant Ronnet !... Je ne vous ai pas suivi, Monsieur, bravant le feu de l'ennemi sur les champs de bataille que vous avez parcourus, mais vous êtes un noble cœur et je me souviens du 19 janvier.

A vous aussi était réservée une épreuve aussi cruelle qu'inattendue. Au deuil de la Patrie est venu s'ajouter le deuil de votre famille. Mais, si la Providence vous a séparé d'une sœur bien aimée, elle a conservé pour vous attendre au retour votre digne mère et votre excellent père, dont le dévouement et le patriotisme le plus pur ont été et resteront toujours l'objet de la plus légitime admiration.

Je bois à vous tous, Messieurs.

Nous nous retrouverons, je l'espère, dans des temps meilleurs ; alors seulement, respirant un air libre, nous acclamerons avec effusion la France, notre belle Patrie. Et, comme aux jours de nos succès, nous nous presserons en rangs serrés sous ses étendards, vivants souvenirs de la vaillance de nos armées, sur lesquels on lit en lettres d'or ineffaçables les noms d'Iéna, Sébastopol, Magenta, Solférino !!

Le départ des Allemands. — Proclamation du Maire.

Au milieu des malheurs qui sont venus surprendre la France, Sedan a été exceptionnellement éprouvé.

Témoin de la lutte inégale qui a ensanglanté ses murs, il a subi l'invasion, et, pendant trois longues années, il a été la rançon de l'ennemi.

Aujourd'hui, **Sedan est libre !**

Nous sommes rendus à nous-mêmes, nous sommes rendus à la Patrie.

Et cependant, si nos cœurs doivent se réjouir, il ne faut pas oublier que l'étranger est à quelques lieues de nous et que la patriotique ville de Verdun reste, durant quelques semaines encore, sa garantie suprême.

C'est donc avec calme et dignité que nous devons accueillir le moment de notre heureuse délivrance.

Toute manifestation bruyante serait aussi inopportune qu'imprudente.

La population entière partagera ces sentiments, j'en ai la confiance.

Néanmoins, chacun tiendra à pavoiser sa maison, son logis. Le drapeau, aux couleurs nationales, sera donc l'expression de notre joie, l'hommage de notre reconnaissance et le témoignage de notre affection pour la Patrie.

> Chers Concitoyens,

Le moment des réjouissances publiques n'est pas encore arrivé.

Mais si, bientôt, vous rencontrez sur vos pas un soldat français, serrez-lui la main comme à un ami qu'un trop long exil a séparé de vous. C'est la seule, la plus digne démonstration que les circonstances actuelles peuvent encore nous permettre.

En l'Hôtel de Ville, le 24 juillet 1873.

> *Le Maire,*
> Edmond GOLLNISCH

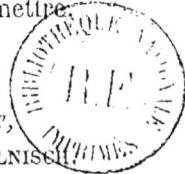

TABLE DES MATIÈRES